Lino García Morales

La ciudad de las calles sin alma

© Lino García Morales, 2023
© ✖__Juan-Sí González • Autoretrato • De la serie: Looking for Cuba Inside • Cuba, Missouri, USA, 2008
• Colección Arturo Mosquera, Miami, FL. Imagen de portada.

Impresión y editorial: BoD – Books on Demand
info@bod.com.es - www.bod.com.es
Impreso en Alemania – Printed in Germany

ISBN: 978-8-4137-3044-8

A Hugo, Héctor y Viki,
a Jacqueline Martín y Orlando Bernal.

Al desplegarte
    Bien,
        muy bien
Rodaste
    Suerte,
        mala suerte
Y te estampaste
    Mal,
        muy mal
Y así volaste
    Lejos,
        muy lejos

En aquellas cintas
        nos confesamos
eran robadas, piratas
pero eran limpias

En aquellas cintas
        nos confiamos
había reinas blancas y negras
había dioses y profetas
        y herejes y héroes
        y todo lo que un rey rojo y negro
        quiso prohibir
        y no pudo

En aquellas cintas nos iba la vida
En aquellas cintas nos iba el recuerdo

Aquellos días de agua
Aquellos días de sudor
Cuando juraste esperanza
Y no era yo
Y no eras tú
Y no era yo
Y no era

La radio anuncia
       el fin del futuro
Hay que saber leer
       las señales magnéticas
Hay que aprender
       para jurar

Todas mis manos intentaron agarrarte
          mientras tu cuerpo abandonaba
Todos mis labios intentaron besarte
          mientras tu cuerpo se dejaba
Todo se fue, todo cambió, todo pasó
Todo se fue
Todas mis fuerzas intentaron asirte
Todos mis intentos fracasaron

La muerte no entiende
          de manos y labios
          de intentos, de fuerzas
          de ganas

La vida es eso
que pasa y no vuelve
que agarra, que besa
que sigue de largo

Cuando llueve el mundo no llora
Cuando amanece no ríe
Cuando me acuesto no vivo

Ven, entérate
Ven, abrázame
Ven y llora y ríe que vivo

El ruido de la radio recuerda la muerte
Campañas vacías de patria y de muerte
Después de la vida
       La muerte

La muerte es inútil
       La muerte
Ni una sola idea merece
       La muerte

Siempre hay un camino
Siempre hay una idea
Siempre un ideal
Siempre para matar

Siempre un ejército
Siempre una bandera
Siempre un pedestal
Siempre lo mismo
                    Matar

Siempre hay un impulso
Siempre el mismo pulso
Siempre un perdedor
Siempre
        Siempre
                    El dolor

Siempre un temerario
Siempre hay un cobarde
Siempre muere el traidor
Siempre hay alguien mejor

Siempre hay una causa
un líder
una canción
Siempre de guerra y de amor

¿Por qué preguntas?
Ya sabes la respuesta
No hay casilla en blanco
El juego está trucado

¿Por qué te espantas?
Estamos atrapados
¿Desde cuándo?
¿Hasta dónde?

Hasta siempre te horroriza
Hasta nunca te distrae
Y pasa el tiempo
Como una foto

Te amaré en el fondo del mar
donde se juntan los continentes
te besaré el tiempo que tardemos en ahogarnos
poseídos por el desenfreno

Ascenderemos como pequeñas burbujas
que tal vez algún día toquen tierra
nunca será como la inmersión
antes nada fue posible

No se puede tener (lo que nunca se tuvo)
       antes y ahora
Un balcón con vistas (borrosas)
       al pasado
No se puede olvidar (ni dar)
       lo no vivido
La nostalgia eterna (llena)
       del camino

La ola arranca mi cuello sin rostro
Espuma salada garganta
Azul inmenso donde me hundo
Continente líquido silencio

Llena las venas rosadas
Invade las grises huellas
Yo levantaré las señas
Donde empiezan los caminos
Que nos llevan
Que nos hunden
Nos elevan

En la sombra
            eres mi tenue rayo de luz
un país sin Dios
sin velas giro tras de sí (tras de ti, sí)

Una grieta
            sirve de puerta al amanecer
un sable de luz
alcanza al cuello rosa y gris

Una huella
Un presagio
Un diluvio
Una bomba

Una historia
Un naufragio
Un silencio
Un misterio

Ámbar navega sola
Sin prisa en la ciudad
Con sus piernas de ventana
Donde oler el mar

Ella solo quiere aire
Para inflar sus velas

Sólo tiene veinte años
Que, aunque no sean nada,
        Son su vida
Ella no tiene nada (que perder)

Ámbar sube y baja
Es alérgica al calor

Solo tiene veinte años
Con su cuerpo anestesiado
        No es su vida
Ella no tiene alma (que perder)

Estás ahí
Estoy aquí
Y en medio siglos, leguas, hambre, sed, desolación

Estoy ahí
Estás aquí
Y no sabemos estar de otra manera

No sabemos estar
No sabemos
No

El orgullo es una fruta seca
Una lámpara no es un semáforo
Una confesión no es una silla eléctrica
El deseo no es silencio
         Ni el silencio es salud

El orgullo es una sala de teatro vacía
Donde aplaude el ego

El bestiario conquistó toda la geografía
que no sedujo la flora
sobre su exquisita piel
También hubo órganos vitales
y alegorías
y emblemas y anagramas
Fue tal el despliegue
que la luna
casi se come al sol

Donde debería estar una vulva jugosa,
    estaba una verga
        penosa
Donde deberían posarse unos labios carnosos,
    yacían los morros
        deformes
Donde debería flotar unos senos sinuosos,
    florecía una planicie
        velluda
Donde deberían crecer unas piernas largas y sedosas,
    mermaba una extremidad
        corta
            y basta
Todo estaba mal
    colocado
Todo estaba
    equivocado
Donde debía florecer
    la vida,
    se marchitaba
        la muerte

No soy lo que buscas
No eres lo que encuentro
Sólo somos dos
    jugando
        a pasar el rato
            a gusto

Cuando todo se apaga
Cuando todos se van
Cuando te quedas
Cuando te acercas

Cuando me tocas
Cuando te abrazo
Cuando te alzas
Cuando la noche
                    nos abraza

Todo regresa
Todo nace

Cuando te pierdes
     donde te encuentro
          y todo amanece

Cuando te quedas
Cuando te acercas
Cuando me tocas
Cuando te abrazo

Cuando todo se apaga
Cuando todos se van
                    y nos quedamos

Amanece

En el puente
    encontré
        al amor

En el puente
    me sonrió
        y siguió

Desde mí
    a un lugar de ti
Desde ti
    a un lugar de mi
El puente
    saltó en pedazos

En el puente
    encontré
        al amor

En el puente
    me sonrió

Si te fueras
    volvería a nacer
Si esperaras
    volvería a creer
    que la suerte es
Cosa de dos

Si te fueras
    volvería a creer
Si esperaras
    volvería a nacer
Cosa de dos

Y volver a empezar
Y dejarte llevar
Y volver a nacer
Y volver a crecer
           más

Anochece y es oscuro
Anochece y no te veo
Anochece y tú te pierdes
                como un sueño

Anochece y nada cambia
Anochece y solo hay noche
Anochece y tú te escapas
Y te pierdes
                como un sueño

Despareces
Despareces
Despareces
Despareces
Mientras anochece

Anochece

Cuando parece que escampa
Cuando parece que no llueve más en el mar
Cuando parece que amaina
Cuando parece que el sol va a salir y se va

Cuando parece que todo se vuelve a encajar
Cuando parece que hay calma
Cuando parece que el aire se puede tomar
Cuando parece que hay alma

Y me besas
Y te beso
           más
Y te agarro y me vuelvo a soltar

Cuando parece que escampa

En si
    no es cuestión de promesas
    ni palabras, ni cosas
                que devuelve el mar
En si
    es cuestión de perderse
        de volver

Nada sabe a tanto como a ti
Nada tanto como abrir
                    de par en par esas ventanas
Nada ocupa tan poco lugar
Nada tanto como el sol
                    sin dejar sombra de tu risa

Nada

Y te sorbo
        y me sabes a café
Y te miro
        y te veo como el aire
                    y me estremece

Nada sabe a tanto como a ti
Nada tanto como abrir
                    de par en par esas ventanas
Nada ocupa ese ínfimo lugar
Nada tanto como el sol
                    sin dejar sombra de tu risa
                    de tu canto,
                    de tus ganas,
                    de tu aliento,
                    de ti y
                    de mí

Cada una de tus manos
Cado uno de tus brazos
Cada una de tus piernas
Cada abrazo, cada beso
Cada cosa
      me mata
Cada cosa

Si te dijera que no
                    fue
Si te dijera que una
                    vez
Si te dijera que
                    quizá
Si te dijera que
                    digo
Si te dijera me
                    importas
Si te dijera me
                    rompo

Si te dijera que no pidas un deseo
Si te dijera que intentes

El amor que una vez se incendió
        y corrió por la playa hasta el mar
            y nadó y se fue
                        a la orilla

Si te dijera que no pidas nada
Si te dijera que intentes,
          que nades,
               que vueles,
                    que yo
                         estoy
Si te dijera que no
Si te dijera

Si te dijera que no
          pidas nada que
Si te dijera que intentes,
          que nades,
               que vueles,
                    que yo
                    nunca me ido de aquí
Si te dijera que siempre
          estoy

Qué es la paz sino
     cerrar los ojos
          y abrirlos en tu inmensidad

¿Cuánto dura un instante?
Lo que duran tus besos
Lo que duran tus noches
Lo que dura la vida que me das

Cuando todo se apaga
Cuando todos se van
Cuando te quedas
Cuando te acercas

Cuando me tocas
Cuando te abrazo
Cuando te alzas y la noche nos caza

Todo regresa
Todo nace

Cuando te pierdes
      donde te encuentro
            y todo amanece

Cuando te quedas
Cuando te acercas
Cuando me tocas
Cuando te abrazo

Cuando todo se apaga
Cuando todos se van
      y nos quedamos

Amanece

Un día llegaste
Un día te irás
Mientras, viajamos
Entre antes y después

Puede ser mejor
Puede ser peor
Pero es como somos
Mejor y peor
Más bien, más mal
Que es mejor que peor
Y en el viaje aún podemos cambiar
Como si viajásemos en barco

Quieres que se mueva
Quiero que navegue
Aunque la niebla
Cubra todo lo que está por ver

Puede ser mejor
Puede ser peor
Ya lo sabremos
Ahí vamos, sin parar

Un día llegaste
Un día te irás
Mientras, viajamos
Entre antes y después

Todo es un viaje
Nuestro viaje
Todo es un viaje
Nuestro viaje

Cuando uno llegue
No cuente nada
Nada

Tú te escondiste tras él
Tras sus largos muros donde
    la gente hacía el amor
    y besaba el mar
    Imaginaba

Tú te sentaste a mirar
A buscar bien lejos
                más
    mucho más allá
                  detrás del horizonte
    Imaginabas

Tú sabes que allá lejos
Hay un punto de no retorno
Sabes que está cerca y lejos
Aunque no se vea

Esto no es un campo de fresas por siempre
No es verde, ni azul, ni es igual
No es loco, ni absurdo, ni falso
Es igual

Es igual que un campo de fresas a veces
Algo verde, algo rojo, algo azul
Es bello, es loco, es verdad
Es real, es igual

Somos tu y yo corriendo por el campo
Que es verde, que es rojo, que es loco, que es bello
Que es falso, que es real, que es loco
Es igual

Crees que puedes, que puede ser
Creen que debes, que debes ser

Crees que puede salir el sol
Creen que debe la noche y no

Crees que es hora, que no se ha cumplido
Que deben dejar a otros que lo intenten

Creen que el tiempo les va a ayudar
Crees que has muerto creyendo y no

Que ya no creen, ni crees
No

Wow!

    Dijiste

Wow!

    Te escuché

Wow!

    Retumbó en el cielo y

Wow!

    Llovió

Wow!

    Sólo hizo falta

Wow!

Esta no es una canción de amor
Ni una forma de hablar
        para hablar del amor
No

Y es que no estoy triste
Y estoy feliz
        y no quiero decir
Por si en las palabras
Se escapa, se enreda, se eleva

Solo es
Una forma de decir amor

Cuando mires atrás
Y no esté
        y te cueste olvidar
Te diré que te amé,
        que te espero adelante
No corras

¿Quién inventó el miedo?
¿Quién lo pintó rosa?
¿Quién se puso verde?
¿Quién se lo bebió?

¿Quién se lo tragó?
¿Quién lo digirió?
¿Quién se puso fino?
¿Quién regurgitó?

El miedo es un palo vestido de gala
El miedo es un fantasma al que nadie vio

Tiembla por temblar
Baila sin bailar
Aprieta el esfínter
Que el miedo
        aquí está

Los pájaros cantan
El miedo se empalma
Te come los huesos
Se ríe y se va

El miedo es un juego
Sin reglas, ni tiempos
Entre león y mono
Con mono amarra'o

¿Quién se lo tragó?
¿Quién lo digirió?
¿Quién se puso fino?
¿Quién regurgitó?

El miedo es un palo vestido de gala
El miedo es un fantasma al que nadie vio

Los pájaros vuelan
Las ranas saltan
Los peces nadan
Tú sigues ahí

Te convido a creerme
      cuando digo presente
Te convido a creerme
      que no existe futuro
Te convido a creerme

Te convido a creerme
      cuando digo presente
Te convido a creerme
      cuando ya no hay futuro
Te convido a creerme
Te convido a creerme

Nunca te irías
Nunca
Lo prometimos y te busco
                    y te escondes
                        y no estás

¿Adónde vas?
En esta infinidad

Nunca te irías
No es una broma
No,
        este silencio
Este vacío

Haz algún ruido
Abre una puerta
Rompe una estrella
Vuelve, por favor

Vuelve

Cuando despertaste de mi sueño y me miraste
No había nadie
Solo tú
Solo yo
Y enfrente el mar

Y tú te dormiste porque
           en el sueño tú
                  podías ser libre y
                      volar tan alto
                    como una cometa
                          sin hilos
                    como una nube que
                          no sabe llorar

Y tú te perdiste
Allá en lo alto
Tan allá,
      tan cerca del sol
Y tus alas no aguantaron
Y caíste al mar

Cuando despertaste de tu sueño
y miraste y no había nadie
Solo tú y yo
Y el mar y un pájaro
Que voló sobre él
Más

La verás con otra gente
          con otro pelo
                    con otra falda.
Pasarán años.
La verás más madura
          menos niña
                    más vivida
O a lo mejor
          más muerta.

Pasarán años
          y descubrirás
                    que ni el tiempo
                    ni la ropa
                    ni el peinado
                    ni siquiera la vida
                              pueden
Cambiar una mirada.

Me llevaste de noche a ver el sol
Me dijiste te amo en chino
Me curaste de verdad con las mentiras
Me pariste en un ataúd
Mamá

Algo dejaste
Algo se fue
No diste tiempo
        Ni lugar
Sonreíste,
        eso fue todo

Algo llevaste
Algo quedó
No diste espacio
        Ni plazo
Sonreíste,
        eso fue todo

Sonreíste y te esfumaste en otro mundo
        del que nadie regresa,
        del que nadie se va
Nada se sabe,
        ya nada es

Hey, manda una señal
Sonríe otra vez
Hey, aunque sea
      la última vez
Hey, tú
Hey,
      tú

Estamos solos
Solos tú y yo
Estoy a salvo
Todo estará bien

Como antes todo
Todo estará bien
Aunque nadie me salve
Aunque no haya nadie

El tiempo pasa lento
Hoy parece ayer
Cierro los ojos, veo
Veo tu risa en la luz

Quiero ser el hombre
En plena oscuridad

Quiero brillar, ser eso
Como si fuera verdad

Estamos solos
Solos tú y yo

Cuando me hablas
Cuando no tengo palabras
Cuando los astros se alinean,
     no puedo hablar
No,
     no
No puedo
     no
No
Para escucharte
Para que el tiempo
     traiga las aves
Para volar más alto

Para encontrarte
Para que no
     puedas callarte
         cuando me hables

Para escucharte
Para volar
Para poder

Para que el tiempo
Allá en lo alto

Para encontrarte
Para que no
      puedas callarte
            cuando me hables
Tú

Llega la primavera
Llega,
      ahí está
Los árboles se mecen
Con la brisa

Es como un nuevo comienzo
Que no empieza
Aunque todo brille
Aunque todo brille

Cada vez que te miro
Cada vez que me miras
No puedo,
     no
No puedes,
     no,
     no
Ese temblor que amenaza
Que mira como miro,
     como miras
La felicidad

En ese breve espacio
      entre la noche y el día
En ese breve espacio
      entre la alegría y el dolor

El mundo gira
Y todo parece igual,
      que no cambia
Que no cambia
Que no cambia

En ese breve espacio
Te amo,
      estoy loco
Y qué más da que no cambie
      o que sí
            o se detenga
Todo
Todo
Que se cierre el breve espacio
      donde estoy

Cada vez que recojo mis trozos
Me rompes
Me desarmas
Me liberas
Me rompes

Acostado sobre vidrios rotos
Me rompes

Este círculo infinito
Me rompe

Desearía que no, que no fuera real
Esta pena, este dolor
Esta vida incompleta
Estas ruinas
Me rompes
Me desarmas
Me liberas
Y toda la miseria
Se va

Cuando suena la calma
Cuando todo está quieto
Y los pájaros cantan
Suave y dulce en la niebla

Un millón de momentos
Imposibles de llenar
Imposibles de vaciar
Aunque suene la calma
Aunque todo este quieto

Escucha conmigo
Sentada a mi lado
    esa melodía
    en total armonía

Cuando suena la calma
Cuando todo está quieto
Cuando estas a mi lado
Cuando late mi pecho
Para ti

Me tomó por sorpresa
Aunque le esperara
No lo vi llegar

Golpeó como una piedra
Como una gran tormenta
Mientras seguía desnudo
Ajeno,
      a la espera

Solía estar perdido
Oculto entre esas grietas
De nuestra calma plena
Donde nada esperaba

Me tomó por sorpresa
Me arrancó la cabeza,
     los brazos
          y las piernas

Y ahora echo jirones
Más atento que nunca
Siento que es irreversible
Sin cabeza, ni piernas

Ahora que estoy vestido
Ahora siempre a la espera
Ahora que ruego, no llega

No lo vi llegar
Nunca lo vi llegar

Esta no es una canción de amor
Ni una forma de hablar
        para hablar del amor
No

Y es que no estoy triste
Y estoy feliz
        y no quiero decir
Por si en las palabras
Se escapa, se enreda

Solo es
Solo es
Una forma de decir amor

Él solía decir que si no vives estás muerto
Él solía mofarse de los años y los cuentos

Él solía cantar que no se vive si estás muerto
Él sí pudo reescribir su propio cuento

Él vivió de más
Él murió de más

Él llegó hasta el sol
En un barco azul
Y una bala de plata

Él pudo nacer

Él solía cantar que si no vives estás muerto
Él solía mofarse de los años y los cuentos

Él solía decir que no se vive si estás muerto
Él no pudo releer su propio cuento

Él murió de más
Él vivió de más

Él se hundió en el sol
En un barco rojo
Y una bala de lata

Él pudo yacer

Todo se repite de esa forma amenazante
Todo pesa más según se eleva
Todo se condena, se destruye y se construye
Todo en un instante que se esfuma
Todo es nada
Todo nada
Todo se desvanece

Todo otra vez
Otra vez

Al despegarte
Bien, muy bien
Todas tus suertes
Mala suerte
Y te estampaste
Mal, muy mal
Y así volaste
Muy lejos

Dedicado a mi amiga Gema

Tus manos aburridas
De amasar el futuro
Pasado, cansado
Burlón, estafado

Tu memoria de diablo
A juego con tus gafas
Que olvida el olvido
Que olvida olvidar

Tu corazón de Frida
Cortado en pedazos
Regando el pasado
Segando el presente

Tus ojos de Gioconda
Que no quieren ver
La luz que les quema
El amanecer

Tus manos aburridas
De amasar el futuro
Pasado, cansado
Burlón, estafado

Tu memoria de diablo
A juego con tus gafas
Que olvida el olvido
Que olvida olvidar

Tú de todo o nada
Tu suerte está echada
O todo o nada
O todo o nada

Tu memoria de diablo
A juego con tus gafas
Que olvida el olvido
Que olvida olvidar

Tú de todo o nada
Tu suerte está echada
O todo o nada
O todo o nada

Los buenos no son tan buenos
A veces suelen ser peores
Las malos no son tan malos
A veces pueden ser mejores

Los buenos pueden ser mejores
Los malos pueden ser peores

Si los malos no fueran tan malos
Si los buenos no fueran tan buenos

El mundo podría ser mejor
Pero es peor
Mucho peor

Si la dejas siempre volverá
Si te mueves la asesinas
Si te aplasta te reventará
Si la sacudes la destrozas,
    gozas,
              zas
Zas, zas, zas

Si te duermes te superará
Si despiertas se atormenta
Si le cantas no podrá callar
Si en la fiesta no le bailas

Si a la pereza,
      la desperezas
Zas, zas, zas

En la fiesta bailamos y no estaba invitado
Sonó algo en la radio y todo se apagó
Nos besamos como
        si estuviéramos solos
Como si no hubiese nadie
Como cualquier invitado

Y salió el sol
Y se acabó
Y no te dije adiós

No te dije adiós
No te volví a ver
Pero en mi cabeza
        la radio no se apaga

Todo se apagó
Pero en mí prendió
Como si fuera tu invitado

Y aunque salga el sol
Y aunque se acabó
Aunque no dije adiós
        sigues bailando en mi cabeza

Se quedó sin cabeza
Y gritó de dolor
        entre alcohol y pastillas
Todo cambió
El mundo se dobló
        se partió en mil pedazos
Como quiebra el amor
Como explota una bala
        Sin perdón
        Sin razón
Como si nunca
        fuera a pasar

Su hijo siguió muerto
Mirando a algún lugar
Donde no había nadie
Ni madre
Ni calor

Se fue lejos de todo
Se perdió
        sin decir adiós
Desapareció
Y su madre
Y su madre
        gritó
Como si fuera a oírle

Todo el resto siguió sin remedio
Y su madre
      gritó
Como si pudiera traerle

Le pareció
Que la tierra era plana
Tan plana
Como su calva esférica

Siempre creyó
Que los extraterrestres eran verdes
Con ojos gordos
Y brazos flacos
Y piernas largas
Tan extremas
Como su gafas cuadradas

Le convenció eso del karma
Por eso nunca hizo mal
         a alguien más bueno
No fuera a ser, no fuera a ser
Que le viniera encima
Directo, recto, perfecto

Como una estrella
Como una luz
En forma de disco
Y aquellos seres
        fueran a apoderarse
de su planeta plano

¿Cuántas veces vivimos la zozobra?
¿Cuántas veces sobrevivimos?
¿Cuántas veces nos preguntamos?
¿Cuántas veces nos respondimos?
Mal, bien o regular

¿Cuántas veces mereció la pena?
¿Cuántas veces sirvió para algo?
¿Cuántas veces alivió ese peso?
¿Cuántas veces acertamos conjeturas?
¿Cuántas no? ¿Sirvió para algo, cuántas sí?

¿Cuántas veces superamos una crisis?
¿Cuántas veces pagamos platos rotos?
¿Cuántas veces nos engañó el destino?
¿Cuántas años, cuánto veces le creímos?
¿Cuántas veces, cuántas no?
¿Cuánto creímos, cuánto no?

Cuando todo es cuestión de fe
Mal, bien o regular

Quiere conectar
      el futuro con su pasado
Solo quiere enchufar
      lo que tendrá
          con las aspiraciones que tuvo
Pero las ganas parecen una bala
Y lo quiere
Quiere una tumba
      cerrada y maloliente
Sin vuelta que darle

Y así quema la vida
Y así tiene esperanza
Y así puede aspirar
A conectar

Si te dijera
Si me creyeras
¡Ay!
Si yo pudiera
Si tú quisieras
Si no existieran
Más que lumbres en la hoguera

Si nunca es tarde
Si aún es temprano
Si los relojes
Se fundieran
        como ceras
Si las campanas
Sonaran alto
Si en el silencio
Me creyeras
        y quisieras

Suele pasar que cuando llueve escampa
Y los días suceden a las noches
Suele fundirse el hielo
Suelen cantar los pájaros y ranas
Suelen boquear los peces
Mientras se alimentan tras el cristal del acuario

Los pájaros que nacen en la jaula
Creen que volar es una enfermedad mental

Si te dijera
Si nadie me creyera
No sería un problema
        si no apuntaran
        si no apuntaran
                con el dedo
Suele pasar,
        cosa de peces y de pájaros
                domésticos
Que crean que el resto se equivoca
        cuando nada
                o cuando vuela

Si yo pudiera
Si tú quisieras
No habría cristales,
        ni jaulas,
                ni hogueras

No hubo paz
No hubo calma,
        ni amor
No hubo sorpresas,
        ni dolor
Fue anestesia
        a palabras tan necias
No hubo llanto
Ni hubo miedo
Ni siquiera sorpresa

La tranquilidad no se negocia
El amor no tiene precio
Hay que elegir una
        de todas las batallas
La mayoría no merecen atención
Porque no haya paz
No tiene que haber guerra
Aprende a retirarte
        o a doblarte

Tu círculo se vuelve más pequeño
Así puedes regarlo
Llénate de aire y música
Todo será como desees que sea

Frena la lengua,
      muerde
Abre los ojos,
      mira
Escucha los mensajes en el viento
Aprende de tu libro
Y tendrás paz y calma amor
Que se resignen
Que se resinguen

Si tú te vas
No moriría
Si me dejas
No lloraría
Ni agonizara
Ni sufriría
        esos insomnio
Ni ahogaría
        penas ajenas
En alcohol
        o formol

Si tú te vas
        para siempre
Si desaparecieras
Todo seguirá parecido
        como ayer o mañana
Solo sin ti
Solo sin paranoias
Solo menos solo
Solo sin ti,
        sin sobresaltos,
                ni tragedias

Si tú te vas
No tendría que aprender
  a ver
Ya lo sé

Si tú te vas
  ni siquiera
Te llamaría en los sueños
Tampoco
  en las pesadillas de verano
Si tú te vas
Si tú te fueras

El mar ya no trae botellas
Ahora se arremolinan
     Todas
En un gran continente
Donde no vive gente
     Nadie
El mar apenas sobrevive
Mientras esperamos botellas
Que no llegan
Que se ahogan

Dónde se escondieron
Aquellas locas tardes
Cuando todo parecía
Que valía la pena

Se encogen unas sobre otras
Luchan entre ellas
Ninguna vence
Solo se emborronan
Más

Tuvimos sueños
Que se cumplieron
Casi ilusiones
Que se esfumaron
Todo es un cine
De viejas fotos
De nada sirve
Sacar la cuenta

Todos creímos, confiamos en ti
Todos salimos a construir
Todos soñamos tu sueño por ti,
        para ti

Todos perdimos por ti
Todos sin excepción
Todos gastamos la única vida por ti

Y ahora que ya no queda nada más
Y ahora tú ¿cómo pagarás?

Quién se acuerda de aquellos días de gloria
De todo menos gloria
Quién recuerda aquellos días de euforia
De histeria más que euforia

Esos días de tanta luz
Esos días que nos cegaron
Esos días de tanto insomnio
Esos días de locos sueños en que
   las palabras inundaban
   y los hechos fallaban
   y él hablaba y hablaba con peso
   y la noche, y el calor espeso
   empañaban los ojos inertes
   y la gloria
   y la euforia
   y el futuro
   se mataban a muerte
   sin suerte

Bajaron del solar
Con sus trajes de fiera
Y esos tacones largos
Y aquellos pantis piel y azafrán
Bajaron por Neptuno
Como si fuera fiesta de verdad
Con su aché
Bajaron como hienas
Atentas al dolor
Bajaron lentas, tercas
Como si nunca pudieran regresar

Doblaron una esquina
Por última vez
Un coche pasó lento y paró
Sin prisa
Hablaban de sus cosas
Ninguna de las dos lo vio
Ninguna de las dos
Se percató
Ninguna de las dos paró

Y la puerta se abrió
Y una billetera
Y fueron invitadas, sí
Y no se resistieron, no
No se lo pensaron, no
Y desaparecieron hacia el mar
En el malecón
Y sonaba algo absurdo
Que reclamaba amor

Bajaron locas
Sin poder morder
Rodaron por el suelo y esa vez, esa
No hubo ni un testigo
Ni prisa, ni dolor, esa última vez
La última vez
La última vez
Esa última vez

Te despertaste pronto
Como si fuera lunes
Como si aquellos días
No fueran distinguibles
No fueran conocidos
Y bebimos café amargo
Sin pan, ni leche, ni azúcar, ni noción
      de aquellos tiempos
          de lunes

¿Qué puedo decir?
Que no se haya dicho
¿Qué cosa podría cambiarlo?
¿Qué cosa loca?
¿Qué?
¿Qué más puedo hablar?
¿Qué más quieres?
¿Qué podría cambiarlo?
¿Qué más da?
¿Qué podría ser?
¿Qué cosa haría que todo se arreglara?
      Pasara

¿Qué cosa haría que todo cambiara?
¿Qué más te gustaría?
Palabras, palabras
Bla, bla, bla, bla, bla
Palabras, que no son más qué
Esos placebos
Esas palabras de más
De mucho más

Si estas no te sirven,
  no te valen,
  no te alcanzan
Ya es difícil pero podría encontrar otras
Colecciono otras tantas inútiles y fáciles
Otras que traten de explicar,
    de convencerte
Otras que alivien, que reposen,
    que descansen
Más

¿Qué palabras esperas que recite?
¿Cuáles debería tomar prestadas?
Apenas quedan buenas,
    nuevas,
    santas,
    dignas,
    bellas
     a la espera
Quizá debería intentar,
    probar,
    alcanzar
     con signos
Quizá con onomatopeyas
Quizá solo debería callarme
Bla, bla, bla, bla, bla
Bla
Bla
Bla
Bla

Nunca hubo certeza
Nunca hubo grandeza
Sólo fuegos fatuos
Sólo una ilusión

Vendieron la esperanza, el jardín, el edén
Aquella luz radiante, divina, carmesí
Aquel deseo remoto, intangible, extranjero
Y se nos fue la vida
Y ya no hubo más
Sólo oscuridad
Sólo fracaso

Se quemó
Se prendió como un palo, acabó
Convertido en cenizas, mutó
Por esa ley que conserva lo que hay

Se esfumó
Pero no como estrella fugaz
Se perdió en la penumbra voraz
En eso que parece la eternidad
En eso que nadie sabe adónde va a parar

Se perdió
Como sombra de ceiba en un platanal
Como gota de agua dulce en el mar
Como un grano de arena en un vendaval
Como la razón de un desierto verde

Se quebró como un rayo en el sol
Se inmoló como el gran apóstol,
        se santificó
Se escondió entre los vivos
Para seguirles el juego

Él cruzó la frontera y llegó
      con los pies mojados llegó
Pero no lo recibieron
Se quedó
      encallado en la arena quedó
Él dejó a su parienta; esperó
      el mejor tiempo que pudo esperar
      esperó
Pero la vela se rompió
      y cada remo se perdió

Él se hizo pasar por otro y pasó
Se compró unas zapatillas
      de marca compró
Pero no lo aceptaron
Se quedó
      como vestido de seda quedó
Él se buscó a otra parienta; disfrutó
      los nuevos tiempos que pudo gozar
Pero la vela nunca reparó;
      ni buscó, ni compró,
      ni remo, ni dos

Ella cantó
        pero no sabía cantar
El escuchó
        pero no sabía ni oír
El mundo giró y giró,
        y giró
Sin saber muy bien
Lo que era girar

Ella creció
        pero no sabía crecer
El falleció
        pero no sabía palmarla

Ella y él
Sin saber
Sin saber
        qué era saber

Ella y él
Sin pensar
Sin saber
        qué era el pensamiento

Sin saber,
      sin saber
Lo que era saber

Él cantó
      pero no sabía entonar, no
Ella escuchó
      pero no sabía ni oír, no
Y él creció
      sin saber crecer

Y el mundo dio media vuelta
      y giró
Sin girar
Y el mundo se dio la vuelta
      y giró
Sin parar

Sin saber
Sin saber
Sin saber
Sin saber

En una pared él le declaró su amor
En un muro triste y roto

Nadie lo leyó, nadie y se borró
El tiempo lo borró

En un trapo blanco ella se mojó
En una sábana vieja

Nadie lo notó y se secó
El tiempo lo secó

En un trozo de tiempo les tocó vivir
Y morir y sobrevivir
En un cacho perdido,
        en un grano sin sentido

En una pared, en un trapo blanco
En un carrusel
El tiempo borró, el tiempo secó
El tiempo el implacable,
        el borrón, el secón

Y así fueron tantas veces, rotos y viejos
En un carrusel

Se peinó la calva
Se afeitó los dientes
Se tiñó las gafas
Se animó a cantar

Se tragó el discurso
Se comió el panfleto
Saboreó las babas
Festejó perder
Celebró su muerte
Aplaudió
Aplaudió
Aplaudió

Le encantó morir
Un día más
Morir por la patria
Es vivir sin vida

Se peinó los dientes
Se afeitó los gafas
Se tiñó la calva
Se animó a entonar

Se tragó el panfleto
Se comió las babas
Saboreó el discurso
Festejó morir
Celebró su derrota
Aplaudió
Aplaudió
Aplaudió

Se aplaudió a sí mismo
Le salvó sobrevivir
Un día más
Morir es más morir
Que vivir por la patria
Es morir en vida

Todo dura un instante
Y al siguiente ya nada es lo mismo
Desapareció
Se fue
¿Dónde se fue?

Todo dura una vida
Y no importa si la echas de menos o la echas de más
No hay más
Es lo que hay

Sólo ahora es
Y después nada es
Nada es
Nada es

Todo dura un deseo
Y el deseo se aleja con prisa donde no lo ves
No lo ves
Después, tal vez

Mandó una sonda gamma
Una señal de auxilio
Al silencio

Como si fuera al rayo
Como si fuera el cielo
Un abismo
Negro

No pasó nada
No hubo reacción
No, no hubo canción
Un mar de gente
Nadie oyó

Mandó una sombra oscura
Cubrió todo el espacio
Al abismo

Como si fuese un bote
Como si fuera el mar
Una mancha
Azul

No pasó nada
No hubo sirenas
No
Ni olas, ni sal
Un campo yermo
Nadie vio

Soltó el último aliento
Empañó toda la cara
Y las gafas

Como si fuese un puente
Como si fuera el bosque
Un volcán
Verde

No pasó nada
No hubo gigantes
No, ni un huracán
Llegó al final
Lo intentó

Ayúdame
A encontrar la salida
A buscar la señal
A escapar, a seguir

Ayúdame
Debe haber una puerta
Algún trozo de esas ventanas
Una conexión a ese otro lado

Ayúdame
Entre el cielo y la tierra
No puede ser, no es el fin
No así, no es el fin

Ya lo sé
Que una imagen vale más
Que tal vez
Cien pájaros volando

Ya lo sé
Que tal vez

Que una vez
Había un viejo cuento
Que se fue
Y se perdió

Ya lo sé
Que no hay polvo en el viento
Que tal vez
Castillos en el aire

Ya lo sé
Que tal vez

Que esta vez
Llegó la primavera
Que será
Que ya está

Habana
Es raro volver
      al que nunca se fue
Es triste lamer
      las heridas que el mar
            devuelve a los pies
Un viaje a ningún lugar,
      a la profundidad
Es sombrío olvidar
      recordando
            lo que nunca fue
Es sentimental
Es criterio y crueldad
Es brotó y brutal

Es triste lamer
      las heridas que el mar
            devuelve a los pies
un viaje a ningún lugar
Habana
Es sentimental
Criterio y crueldad
Es brotó y brutal
Habana

No es cosa de cuentos
Ni de fantasmas
Ni de doncellas

No es cosa de naipes
No es cosa de cosas
Sólo es
Cosas de dos

No es cosa de amarte
No es cosa de odiarte
No. Sólo es
Cosa de dos

Las cosas cambian
Se mueven, se rotan
Las cosas que mienten
Las cosas que no
Cosa de dos

Las cosas que pasan
Las cosas que vuelven
Las cosas que son

Cuando tocó ese gran botón
Cuando mintió todo sobre él
Cuando cambió de uniforme
Cuando oscureció

Cuando iba a pasar
Cuando iba a estallar
Cuando todo iba a terminar

Cuando tocó ese gran botón
Cuando prometió
Cuando pensamos que era para bien
Cuando confiamos en él
Cuando prometió
Cuando había un edén rojo y azul
Puro y blanco como la luz
Cuando todo era futuro

Cuando iba a pasar
Cuando todo iba a estallar
Cuando todo iba a terminar, a crecer

Cuando prometió
Cuando pensamos que era para bien
Cuando confiamos en él
Cuando prometió el edén

Cuando no había otra opción
Cuando nunca hubo más

Cuando prometió el edén
Cuando el monte no dejaba ver
Cuando había que romper
Cuando no se podía parar
Cuando no se podía flaquear
        ni morir de incredulidad

Cuando prometió
Cuando volvió a prometer
Cuando confiamos en él
Cuando confiamos en confiar,
        en vencer

Cuando iba a vencer, a vencer, a vencer
Cuando había que morir
Cuando había que sufrir
Cuando sólo había que prometer, prometer, prometer

Yo no soy quien te imaginas
Yo no soy quien tú calculas
Yo no soy de otro planeta
Yo no vine en un cometa

Yo no canto en esta frase
Yo no visto con disfraces
Yo no miro de soslayo
Sólo observo mientras callo

Yo no soy ese, no, no soy ese
Yo no callo de silencio
Yo no soy ese, no, no soy ese
Yo no ardo en el incendio

No me mojo cuando llueve
No ensordezco cuando truena
No me creo lo evidente
De la gente, del ausente

Yo no quiero cantar himnos
Ni oír discursos, ni aplaudir timos
Ni hablar en coro, ni en el decoro
Ni en el futuro, tampoco en muros

Solo quiero ser yo
Yo
Solo quiero ser yo
Ser yo
Ser yo
Ser yo
Ser yo

Hay días que son años y días que son segundos
Hay días que vuelven una y otra vez
Hay días que desaparecen como si no hubieran existido
Hay días que son plomo y días que son pluma
Hay días que son parte y días que son todo

Hay días por los que el resto de los días cobran sentido
Hay días por los que el resto de los días cobran sentido

Hay días tan claros y días tan oscuros que cuesta creer
Cuesta creer que no volverán
Que hay un antes y un después
Como un tiro en la sien

Hay días por los que el resto de los días cobran sentido
Hay días por los que el resto de los días cobran sentido

Nunca entonces
Tuve una escalera al cielo
Nunca hubo monedas de oro
Ni tiendas de felicidad
No

No hizo falta
Hay cosas que no cuestan nada
Nunca son fácil
No